20 POEMAS DE AMOR Y UNA CANCIÓN DESESPERADA

Pablo Neruda

20 POEMAS DE AMOR Y UNA CANCIÓN DESESPERADA

OCEANOexprés

**VEINTE POEMAS DE AMOR
Y UNA CANCIÓN DESESPERADA**

Imagen de cubierta:
Henri Matisse; *La alegría de vivir,* 1905-6

© Pablo Neruda, 1924, y Fundación Pablo Neruda
Derechos de edición en español para España, América Latina
y Estados Unidos

D. R. © Editorial Océano, S.L.

D.R. © para la presente edición
Editorial Océano de México, S.A. de C.V.
Boulevard Manuel Ávila Camacho 76, piso 10
Colonia Lomas de Chapultepec
Miguel Hidalgo, Código Postal 11000
México, D.F.
Tel. (55) 9178 5100
info@oceano.com.mx

Primera edición en Océano exprés: agosto 2010
Primera reimpresión en Océano exprés: abril 2011

ISBN: 978-607-400-369-7

Hecho en México / Impreso en España
Made in Mexico / Printed in Spain

9002926020411

ÍNDICE

PRÓLOGO

V*einte poemas de amor y una canción desesperada* es el poemario amoroso más leído de la lengua española. También es el libro más popular de su autor. Son hoy millones los ejemplares vendidos e innumerables las ediciones que de él se han hecho desde su primera publicación en 1924, por la editorial Nascimiento, en Santiago de Chile. El libro ha tenido, pues, una brillante historia y con él se dio a conocer uno de los poetas latinoamericanos más importantes del siglo XX.

I. Orígenes poéticos

Veinte poemas de amor y una canción desesperada, libro de juventud, de la primera juventud del poeta, fue escrito en 1923 y se publicó en 1924, cuando Neruda tenía veinte años. El año anterior había aparecido su primera obra, *Crepusculario*, cuyo título ya indica cierta presencia modernista, y nos sitúa en el ámbito físico y geográfico de un orden próximo a la nocturnidad, de la comunión cósmica y telúrica, de la búsqueda metafísica, de la comunicación con la naturaleza y el mundo, así como de una unidad con lo absoluto, que dominará a lo largo de su obra y muy especialmente en la poesía de los primeros años. *Crepusculario* recoge, también, un importante y famoso poema, "Farewell", una de las primeras manifestaciones de poesía amorosa en su trayectoria artística.

Entre 1923 y marzo-abril de 1924, Neruda escribe *El hondero entusiasta*, publicado en 1933, diez años después de su redacción, y *Veinte poemas de amor y una canción desesperada*. Ambas obras tienen una historia común, una implicación y una relación que, en parte, definirán la condición y el carácter final de *Veinte poemas...* *El hondero entusiasta* podría ser considerado el poemario de la afirmación amorosa y *Veinte poemas de amor y una canción desesperada* el del recuerdo, el olvido y el desamor.

La historia de *El hondero entusiasta* es compleja y el mismo Neruda la ha explicado de forma diversa ya sea en sus *Obras completas*,[1] en su libro de memorias *Confieso que he vivido*[2] o, más brevemente, en la "Advertencia del autor a la segunda edición" de *El hondero entusiasta*.[3] Terminado *Crepusculario*, Neruda persigue un proyecto más amplio, que él mismo define como una voluntad de poeta cíclico; pasar del poema a un libro que tenga una unidad genérica: que todo él respire la trabazón interior de un todo unitario. Así fue como nació su segundo libro: "Se trata de ese ciclo de poemas que tuvo muchos nombres y que, finalmente, quedó con el de *El hondero entusiasta*. Este libro, suscitado por una intensa pasión amorosa, fue mi primera voluntad cíclica de poesía: la de englobar al hombre, la naturaleza, las pasiones y los acontecimientos mismos que allí se desarrollaban, en una sola unidad".[4]

Fue en una noche de verano, en casa de sus padres, en Temuco, donde, impresionado por la vastedad del cielo y llevado por una "embriaguez cósmica", escribió el primer poema del libro: "Hago girar mis brazos...", poema volcánico y panteísta. Posteriormente, en Santiago, lo enseñó a su amigo Aliro Oyarzún, quien creyó reconocer en él influencias del poeta uruguayo Carlos Sabat Ercasty. Neruda, que veía en Sabat Ercasty un referente poético posible, le envió el poema.

---

[1] Véase Apéndice II del volumen II de sus *Obras completas*, 3ª edición, Losada, Buenos Aires, 1967, pp. 1116-1122. "Algunas reflexiones improvisadas sobre mis trabajos."

[2] Seix Barral, Barcelona, 1974, pp. 73-76.

[3] *Obras completas*, Losada, Buenos Aires, 1967, volumen I, p. 155.

[4] *Ibíd.*, volumen II, p. 1116.

"En este poeta vi yo realizada mi ambición de una poesía que englobara no sólo al hombre, sino a la naturaleza, a las fuerzas escondidas, una poesía epopéyica que se enfrentara con el gran misterio del universo y también con las posibilidades del hombre."[5] Sabat Ercasty, aun reconociendo el valor del mismo, no negó una posible influencia de su poesía sobre la del poeta chileno. Neruda, que buscaba una voz propia, su propia identidad expresiva, recibió la noticia como un terrible mazazo que iba a determinar durante años el destino y el silencio del libro, que no publicaría hasta 1933. En efecto, esa opinión de Sabat Ercasty influyó decisivamente en el poeta, que replanteó y revisó sus proyectos iniciales. De esta circunstancia surge, pues, la forma poética de la obra que hoy nos ocupa: "El joven sale a la vida creyendo que es el corazón del mundo y que el corazón del mundo se va a expresar a través de él. Terminó allí mi ambición cíclica de una ancha poesía, cerré la puerta a una elocuencia desde ese momento para mí imposible de seguir, y reduje estilísticamente, de una manera deliberada, mi expresión. El resultado fue mi libro *Veinte poemas de amor y una canción desesperada*".[6]

II. A la búsqueda de un estilo

Sin embargo, el hecho de retener diez años la publicación de *El hondero entusiasta* y de dar a la imprenta *Veinte poemas de amor y una canción desesperada* en 1924 plantea un problema de discernimiento en la elección de los poemas amorosos que se incluyen en uno u otro volumen. *El hondero entusiasta* es un breve libro compuesto por el poema inicial, ya mencionado, y once poemas más, todos ellos de tema amoroso. Es un gran libro que, sin embargo, no ha tenido la fortuna ni el reconocimiento de *Veinte poemas...*; hecho sorprendente,

---

[5] *Obras completas*, volumen II, p. 1117.
[6] *Ibíd.*, volumen II, p. 1118.

ya que en *El hondero entusiasta* Neruda reúne los poemas de máxima exaltación y afirmación amorosa, mientras que, como ya hemos dicho, en *Veinte poemas...* la voz es de mayor nostalgia y desesperanza.

El primero es un libro alegre y el segundo, no. Son la cara y la cruz de un mismo sentimiento amoroso. Ambas obras podrían formar una sola unidad poemática. Sólo cabe pensar que justamente el entusiasmo, la fortaleza, la vitalidad a la que hace referencia el título del primer libro se traducen en una voz poética potente, volcánica, torrencial y cósmica que Neruda teme surgida de la voz de Sabat Ercasty, pero que en realidad, y afortunadamente, nunca estará ausente y definirá una gran parte de la poesía de Pablo Neruda.

Con el tiempo, el escrúpulo de Neruda condenando *El hondero entusiasta* a diez años de silencio puede parecer razonable, aunque también es excesivo. Una explicación y un prejuicio que, no obstante, y aun admitiendo sus razones, explicadas de nuevo en la advertencia que incluye en la segunda edición del libro —"Ahora, pasado el periodo en que la publicación de *El hondero entusiasta* me hubiera perjudicado íntimamente, lo he entregado a esta editorial, como un documento, válido para aquellos que se interesan en mi poesía"—,[7] han determinado la cronología poética de Neruda y también la estructura y configuración interior de los dos libros, hasta influir y hacer que estilísticamente *Veinte poemas de amor y una canción desesperada* sea como lo conocemos hoy.

III. Marisol y Marisombra

Veinte poemas... no expresa un solo sentimiento amoroso. La amada del libro es un referente que toma cuerpo a partir de distintos amores del poeta. Éstos se sitúan geográfi-

[7] *Obras completas*, volumen I, p. 155.

camente en lugares distintos: Temuco, el lugar de su infancia, la casa paterna, y Santiago, donde Neruda estudió francés en el Instituto Pedagógico. La zona rural, el sur de Chile, y la zona urbana, la capital, confluyen, pues, en un mismo libro. Ante la insistencia a la que Pablo Neruda fue sometido para identificar esos amores, en distintas conferencias y de una forma muy explícita en sus memorias, el poeta nombra de una manera bellamente misteriosa a las dos jóvenes que iluminan la experiencia amorosa de sus poemas, favoreciendo así la comprensión de algunos secretos del libro: "Siempre me han preguntado cuál es la mujer de los *Veinte poemas...*, pregunta difícil de contestar. Las dos o tres que se entrelazan en esta melancólica y ardiente poesía corresponden, digamos, a Marisol y a Marisombra. Marisol es el idilio de la provincia encantada con inmensas estrellas nocturnas y sus ojos oscuros como el cielo mojado de Temuco. Ella figura con su alegría y su vivaz belleza en casi todas las páginas, rodeada por las aguas del puerto y por la media luna sobre las montañas. Marisombra es la estudiante de la capital. Boina gris, ojos suavísimos, el constante olor a madreselva del errante amor estudiantil, el sosiego físico de los apasionados encuentros en los escondrijos de la urbe".[8]

Emir Rodríguez Monegal, en su libro *Neruda: el viajero inmóvil*,[9] recuerda cómo el escritor chileno, en unas conferencias de 1954, explicó que había dedicado diez poemas a cada una de las dos amadas; los poemas número 1, 2, 5, 7, 11, 13, 14, 15, 17 y 18 aluden a Marisombra, con lo cual los poemas 3, 4, 6, 8, 9, 10, 12, 16, 19, 20, así como "La canción

---

[8] *Confieso que he vivido*, pp. 76-96. Años después, con la publicación de *Memorial de Isla Negra*, reaparecen Marisol y Marisombra con el nombre de Terusa (Temuco) y Rosaura (Santiago). La publicación de *Cartas de amor de Pablo Neruda*, Rodas, Madrid, 1974, dio nueva información sobre la identidad de las personas que inspiraron los poemas.

[9] Monte Ávila Editores, Caracas, 1977, p. 59.

desesperada", se referirían a Marisol. El mismo crítico señala la incertidumbre de tal distinción, puesto que en la misma cita, que anteriormente hemos reproducido Neruda atribuye el poema 6 al amor de Santiago que identifica con "la boina gris". Aun ante la duda que esto implica, esta distinción puede representar un doble itinerario de lectura, si bien los motivos de distinción son muy tenues. También cabe advertir que en el segundo itinerario, el de Marisol, quizá sí pueda encontrarse una imaginería más terrenal, con una presencia metafórica y una adjetivación en las que la naturaleza se hace más presente al llevarnos por las tierras del sur de Chile. Allí, los espacios abiertos aludidos mediante el viento, el mar, la noche estrellada, el sol, los astros o los muelles marítimos son más claros y recurrentes.

Sea como fuere, lo que sí es evidente es que tanto Marisol como Marisombra representan el amor imposible, el amor inalcanzado, la imposibilidad de un amor fructífero, de un amor pleno y desarrollado, en definitiva, de la plenitud amorosa. Ese sentimiento de tristeza, nostalgia, melancolía, desesperanza, identificado en dos personas y dos amores, es el que tiñe e impregna poderosamente todo el contenido de *Veinte poemas de amor y una canción desesperada*, dando al libro su significación especial. No se trata de un ciclo amoroso unitario que progresa desde una plenitud, que crece y en el que se va forjando, a una desesperanza, sino que, sobre todo en su parte central, se entrecruzan constantemente los sentimientos de afirmación amorosa con los de lejanía y separación, hasta llegar a los últimos poemas del libro, el número 20 y "La canción desesperada". En estos últimos, los sentimientos de pérdida, desamor, soledad, abandono, tristeza, alejamiento, impotencia y desesperación son rotundamente claros.

IV. El libro

Aunque el ciclo de Temuco y el de Santiago se entre-cruzan con sus distintas alternancias, es evidente que *Veinte poemas...* empieza con un poema de clara afirmación amoro-sa. Es uno de los más famosos del libro, que con sus bellos versos de erotismo blanco describe el cuerpo de la mujer y el encuentro amoroso. Pero en un quiebro final, en los dos últimos versos, sobre todo en el último ("y la fatiga sigue, y el dolor infinito"), ya se presagia que toda plenitud puede estar amenazada. También en el segundo poema, donde la amada es el centro de la noche, la tristeza parece señorear al final. Será el tercero un poema ya plenamente de exalta-ción amorosa, alegre, vital, donde el poeta se deja llevar por la fuerza de la amada ("Márcame mi camino en tu arco de esperanza"). Esa exaltación prosigue en el cuarto, donde las fuerzas de la naturaleza —el viento del verano— son testi-monio de los enamorados.[10] El poema número 5 es un claro poema de angustia. El primero del libro que de una manera evidente lo explicita ("Ámame, compañera. No me abando-nes"). El poeta le pide que le ame, que no le abandone, que sea sensible a sus palabras. La fuerza de las palabras en este poema cobra un valor absoluto. El poema 6 es conocido por esa identificación famosa ("Eras la boina gris") que el poeta hace de la amada. Es la descripción de un recuerdo, pero, sobre todo, de un recuerdo que lleva al sosiego y a la calma ("Tu recuerdo es de luz, de humo, de estanque en calma!"). Tanto el poema 7 como el 8 son poemas de soledad, tris-teza, distancia, ausencia, silencio ("Sólo guardas tinieblas, hembra distante y mía,/de tu mirada emerge a veces la costa del espanto"). Afirmación y negación todo en uno ("Soy el

---

[10] Según la clasificación a que hace referencia Emir Rodríguez Mo-negal, estos dos poemas, el 3 y el 4, pertenecerían al ciclo de Temuco. Lo que es cierto es que, en los dos, los fenómenos de la naturaleza son evidentes.

desesperado, la palabra sin ecos,/el que lo perdió todo, y el que todo lo tuvo").

En esa voz oscilante y de vaivén amoroso que es *Veinte poemas...* el poema 9 vuelve a representar el lado entusiasta de la relación.[11] Ya el título "Ebrio de trementina" anuncia ese estado emocional de alegría y desequilibrio pasional que afirma el poema ("Voy, duro de pasiones, montado en mi ola única") hasta llegar al encuentro con la amada ("tu paralelo cuerpo se sujeta en mis brazos/como un pez infinitamente pegado a mi alma"). Nuevamente el 10 y el 11 son la cruz del sentimiento anterior. La lejanía del poema 10 ("Por qué se me vendrá todo el amor de golpe/cuando me siento triste, y te siento lejana?") toma un aire de fuerza diferente en el 11, donde, a pesar de ese sentimiento de separación y lejanía, hay una afirmación que impulsa a seguir, a dominar la angustia y el desamor, a sobreponerse ante la intuición de que el final se acerca ("Es hora de seguir otro camino, donde ella no sonría"). Poema ambiguo el 12, que oscila entre la ilusión y la incertidumbre, como el sueño de asir más el deseo que la posibilidad ("Socavas el horizonte con tu ausencia./ Eternamente en fuga como la ola"). El poema 13 es una inflexión importante. Ahora la negación del sentimiento se apodera del poeta. Quiere cantar la alegría, el amor, pero ya no puede ("Cuando he llegado al vértice más atrevido y frío/un corazón se cierra como una flor nocturna"). Nuevo contraste con el poema 14 que es de plena exaltación y plenitud amorosa. Es una afirmación de presencia, de inmensidad, de deseo y de voluntad de realización ("Amé desde hace tiempo tu cuerpo

[11] El poema 9, tal como hoy aparece en el libro, fue incorporado en la segunda edición de *Veinte poemas de amor y una canción desesperada* publicado en 1932. Este poema sustituye al que originariamente apareció en la primera edición y que hoy puede leerse en el Apéndice II de sus *Obras completas*, p. 1024, y que comienza con el verso: "Fimbra rubia de un sol que no atardece nunca".

de nácar soleado./Hasta te creo dueña del universo"). El 15 es otro de los poemas más celebrados del libro. La presencia callada de la amada le da ese aire de irrealidad, de ausencia contenida, pero una sola palabra suya, una sonrisa, cumple el milagro del retorno y la vida. El poema 16 surge de un juego epistolar con Marisol. Ésta envió al poeta el poema 30 de *El jardinero* de Rabindranath Tagore y Neruda recreó el texto dando cuerpo nuevamente a un poema de amor y plenitud ("Eres mía, eres mía, mujer de labios dulces/y viven en tu vida mis infinitos sueños"). Nueva oscilación ante un nuevo poema, el 17, que recoge la ausencia, la soledad, la tristeza ("Pensando, enredando sombras en la profunda soledad./ Tú también estás lejos, ah más lejos que nadie"). Y ya como un repliegue final los poemas 18 y 19 serán de afirmación que contrastarán con la terrible desolación del poema 20 y "La canción desesperada". En el 18, sin embargo, esta exaltación amorosa ("Aquí te amo") queda mitigada por la lejanía ("Amo lo que no tengo. Estás tú tan distante"). El poema 19, antes de la desolación final, es probablemente uno de los más bellos y alegres del libro, aunque tampoco desaparece la incertidumbre de la distancia entre ambos ("nada hacia ti me acerca./Todo de ti me aleja"). Pero la descripción que de ella hace ("Niña morena y ágil") muestra la vitalidad del deseo y el sentimiento ("y amo tu cuerpo alegre, tu voz suelta y delgada"). La belleza de las comparaciones y metáforas, la identificación con la naturaleza —agua, sol, abeja, ola, espiga, mariposa, trigo, amapola— dan al poema esa fuerza telúrica en la que el amor es potencia y comunión con las fuerzas naturales.

Y después, desde esta máxima altura, el desasosiego, la caída, el precipicio. En los dos últimos poemas —el 20 y "La canción desesperada"— el libro inclina el sentimiento hacia el borde del dolor humano, hacia el límite de la razón y la existencia, que tiene su emblema dramático y recurrente en el hemistiquio "Todo en ti fue naufragio" de "La canción desesperada". Son dos de los grandes poemas del libro, con versos de reconocida fuerza y ya clásicos en la poesía española del siglo XX. El poema 20 está repleto de versos-sentencia que hoy forman parte del imaginario colectivo de la poesía amorosa. Todo el poema lo es, pero cómo no señalar versos de tal hondura que mueven al sobrecogimiento ya sea por la tristeza ("Puedo escribir los versos más tristes esta noche"), el recuerdo ("Yo la quise, y a veces ella también me quiso"), la fugacidad del sentimiento ("Nosotros, los de entonces, ya no somos los mismos"), los celos ("De otro. Será de otro. Como antes de mis besos"), la duda ("Ya no la quiero, es cierto, pero tal vez la quiero"), el dolor infinito ("Es tan corto el amor, y es tan largo el olvido"). Es, sin duda, el poema más trágico de todo el libro, porque en él se reconoce toda la verdad de lo que fue y ya no es. Después de la aceptación, "La canción desesperada" es como el recuento, el balance, el recuerdo que nos lleva por el itinerario, a la vez alegre y angustioso, de ese sentimiento, de esa relación —doble si nos atenemos a los dos nombres que la inspiran— que da origen al libro. Es también la aceptación dolorosa de un final y la imperiosa necesidad de búsqueda de un nuevo principio. Junto al naufragio, el reconocimiento, desde los primeros versos del poema, de que hay que buscar un nuevo destino ("Es la hora de partir, oh abandonado!"). Verso que se repite y que al final del poema y del libro suena de una forma más contundente. Es la última proclama del poeta: "Es la hora de partir. Oh abandonado!".

Àlex Broch
Universidad Rovira i Virgili, Tarragona

LOS VEINTE POEMAS

I

CUERPO DE MUJER...

Cuerpo de mujer, blancas colinas, muslos blancos,
te pareces al mundo en tu actitud de entrega.
Mi cuerpo de labriego salvaje te socava
y hace saltar el hijo del fondo de la tierra.

Fui solo como un túnel. De mí huían los pájaros,
y en mí la noche entraba su invasión poderosa.
Para sobrevivirme te forjé como un arma,
como una flecha en mi arco, como una piedra en mi honda.

Pero cae la hora de la venganza, y te amo.
Cuerpo de piel, de musgo, de leche ávida y firme.
Ah los vasos del pecho! Ah los ojos de ausencia!
Ah las rosas del pubis! Ah tu voz lenta y triste!

Cuerpo de mujer mía, persistiré en tu gracia.
Mi sed, mi ansia sin límite, mi camino indeciso!
Oscuros cauces donde la sed eterna sigue,
y la fatiga sigue, y el dolor infinito.

2

EN SU LLAMA MORTAL...

En su llama mortal la luz te envuelve.
Absorta, pálida doliente, así situada
contra las viejas hélices del crepúsculo
que en torno a ti da vueltas.

Muda, mi amiga,
sola en lo solitario de esta hora de muertes
y llena de las vidas del fuego,
pura heredera del día destruido.

Del sol cae un racimo en tu vestido oscuro.
De la noche las grandes raíces
crecen de súbito desde tu alma,
y a lo exterior regresan las cosas en ti ocultas,
de modo que un pueblo pálido y azul
de ti recién nacido se alimenta.

Oh grandiosa y fecunda y magnífica esclava
del círculo que en negro y dorado sucede:
erguida, trata y logra una creación tan viva
que sucumben sus flores, y llena es de tristeza.

3

AH VASTEDAD DE PINOS...

Ah vastedad de pinos, rumor de olas quebrándose,
lento juego de luces, campana solitaria,
crepúsculo cayendo en tus ojos, muñeca,
caracola terrestre, en ti la tierra canta!

En ti los ríos cantan y mi alma en ellos huye
como tú lo desees y hacia donde tú quieras.
Márcame mi camino en tu arco de esperanza
y soltaré en delirio mi bandada de flechas.

En torno a mí estoy viendo tu cintura de niebla
y tu silencio acosa mis horas perseguidas,
y eres tú con tus brazos de piedra transparente
donde mis besos anclan y mi húmeda ansia anida.

Ah tu voz misteriosa que el amor tiñe y dobla
en el atardecer resonante y muriendo!
Así en horas profundas sobre los campos he visto
doblarse las espigas en la boca del viento.

4

ES LA MAÑANA LLENA...

Es la mañana llena de tempestad
en el corazón del verano.

Como pañuelos blancos de adiós viajan las nubes,
el viento las sacude con sus viajeras manos.

Innumerable corazón del viento
latiendo sobre nuestro silencio enamorado.

Zumbando entre los árboles, orquestal y divino,
como una lengua llena de guerras y de cantos.

Viento que lleva en rápido robo la hojarasca
y desvía las flechas latientes de los pájaros.

Viento que la derriba en ola sin espuma
y sustancia sin peso, y fuegos inclinados.

Se rompe y se sumerge su volumen de besos
combatido en la puerta del viento del verano.

5

PARA QUE TÚ ME OIGAS...

Para que tú me oigas
mis palabras
se adelgazan a veces
como las huellas de las gaviotas en las playas.

Collar, cascabel ebrio
para tus manos suaves como las uvas.

Y las miro lejanas mis palabras.
Más que mías son tuyas.
Van trepando en mi viejo dolor como las yedras.

Ellas trepan así por las paredes húmedas.
Eres tú la culpable de este juego sangriento.

Ellas están huyendo de mi guarida oscura.
Todo lo llenas tú, todo lo llenas.

Antes que tú poblaron la soledad que ocupas,
y están acostumbradas más que tú a mi tristeza.

Ahora quiero que digan lo que quiero decirte
para que tú me oigas como quiero que me oigas.

El viento de la angustia aún las suele arrastrar.
Huracanes de sueños aún a veces las tumban.

Escuchas otras voces en mi voz dolorida.
Llanto de viejas bocas, sangre de viejas súplicas.
Ámame, compañera. No me abandones. Sígueme.
Sígueme, compañera, en esa ola de angustia.

Pero se van tiñendo con tu amor mis palabras.
Todo lo ocupas tú, todo lo ocupas.

Voy haciendo de todas un collar infinito
para tus blancas manos, suaves como las uvas.

6

TE RECUERDO COMO ERAS...

Te recuerdo como eras en el último otoño.
Eras la boina gris y el corazón en calma.
En tus ojos peleaban las llamas del crepúsculo.
Y las hojas caían en el agua de tu alma.

Apegada a mis brazos como una enredadera,
las hojas recogían tu voz lenta y en calma.
Hoguera de estupor en que mi ser ardía.
Dulce jacinto azul torcido sobre mi alma.

Siento viajar tus ojos y es distante el otoño:
boina gris, voz de pájaro y corazón de casa
hacia donde emigraban mis profundos anhelos
y caían mis besos alegres como brasas.

Cielo desde un navío. Campo desde los cerros.
Tu recuerdo es de luz, de humo, de estanque en calma!
Más allá de tus ojos ardían los crepúsculos.
Hojas secas de otoño giraban en tu alma.

7

INCLINADO EN LAS TARDES...

Inclinado en las tardes tiro mis tristes redes
a tus ojos oceánicos.

Allí se estira y arde en la más alta hoguera
mi soledad que da vueltas los brazos como un náufrago.

Hago rojas señales sobre tus ojos ausentes
que olean como el mar a la orilla de un faro.

Sólo guardas tinieblas, hembra distante y mía,
de tu mirada emerge a veces la costa del espanto.

Inclinado en las tardes echo mis tristes redes
a ese mar que sacude tus ojos oceánicos.

Los pájaros nocturnos picotean las primeras estrellas
que centellean como mi alma cuando te amo.

Galopa la noche en su yegua sombría
desparramando espigas azules sobre el campo.

8

ABEJA BLANCA ZUMBAS...

Abeja blanca zumbas —ebria de miel— en mi alma
y te tuerces en lentas espirales de humo.

Soy el desesperado, la palabra sin ecos,
el que lo perdió todo, y el que todo lo tuvo.

Última amarra, cruje en ti mi ansiedad última.
En mi tierra desierta eres la última rosa.

Ah silenciosa!

Cierra tus ojos profundos. Allí aletea la noche.
Ah desnuda tu cuerpo de estatua temerosa.

Tienes ojos profundos donde la noche alea.
Frescos brazos de flor y regazo de rosa.

Se parecen tus senos a los caracoles blancos.
Ha venido a dormirse en tu vientre una mariposa de sombra.

Ah silenciosa!

He aquí la soledad de donde estás ausente.
Llueve. El viento del mar caza errantes gaviotas.

El agua anda descalza por las calles mojadas.
De aquel árbol se quejan, como enfermos, las hojas.

Abeja blanca, ausente, aún zumbas en mi alma.
Revives en el tiempo, delgada y silenciosa.

Ah silenciosa!

9

EBRIO DE TREMENTINA...

Ebrio de trementina y largos besos,
estival, el velero de las rosas dirijo,
torcido hacia la muerte del delgado día,
cimentado en el sólido frenesí marino.

Pálido y amarrado a mi agua devorante
cruzo en el agrio olor del clima descubierto,
aún vestido de gris y sonidos amargos,
y una cimera triste de abandonada espuma.

Voy, duro de pasiones, montado en mi ola única,
lunar, solar, ardiente y frío, repentino,
dormido en la garganta de las afortunadas
islas blancas y dulces como caderas frescas.

Tiembla en la noche húmeda mi vestido de besos
locamente cargado de eléctricas gestiones,
de modo heroico dividido en sueños
y embriagadoras rosas practicándose en mí.

Aguas arriba, en medio de las olas externas,
tu paralelo cuerpo se sujeta en mis brazos
como un pez infinitamente pegado a mi alma
rápido y lento en la energía subceleste.

10

HEMOS PERDIDO AUN ESTE CREPÚSCULO...

Hemos perdido aun este crepúsculo.
Nadie nos vio esta tarde con las manos unidas
mientras la noche azul caía sobre el mundo.

He visto desde mi ventana
la fiesta del poniente en los cerros lejanos.

A veces como una moneda
se encendía un pedazo de sol entre mis manos.

Yo te recordaba con el alma apretada
de esa tristeza que tú me conoces.

Entonces dónde estabas?
Entre qué gentes?
Diciendo qué palabras?
Por qué se me vendrá todo el amor de golpe
cuando me siento triste, y te siento lejana?

Cayó el libro que siempre se toma en el crepúsculo,
y como un perro herido rodó a mis pies mi capa.

Siempre, siempre te alejas en las tardes
hacia donde el crepúsculo corre borrando estatuas.

II

CASI FUERA DEL CIELO...

Casi fuera del cielo ancla entre dos montañas
la mitad de la luna.
Girante, errante noche, la cavadora de ojos.
A ver cuántas estrellas trizadas en la charca.

Hace una cruz de luto entre mis cejas, huye.
Fragua de metales azules, noches de las calladas luchas,
mi corazón da vueltas como un volante loco.
Niña venida de tan lejos, traída de tan lejos,
a veces fulgurece su mirada debajo del cielo.
Quejumbre, tempestad, remolino de furia,
cruza encima de mi corazón, sin detenerte.
Viento de los sepulcros acarrea, destroza, dispersa tu raíz
    soñolienta.
Desarraiga los grandes árboles al otro lado de ella.
Pero tú, clara niña, pregunta de humo, espiga.
Era la que iba formando el viento con hojas iluminadas.
Detrás de las montañas nocturnas, blanco lirio de incendio,
ah nada puedo decir! Era hecha de todas las cosas.

Ansiedad que partiste mi pecho a cuchillazos.
Es hora de seguir otro camino, donde ella no sonría.
Tempestad que enterró las campanas, turbio revuelo de
    tormentas
para qué tocarla ahora, para qué entristecerla.

Ay seguir el camino que se aleja de todo,
donde no esté atajando la angustia, la muerte, el invierno,
con sus ojos abiertos entre el rocío.

12

PARA MI CORAZÓN...

Para mi corazón basta tu pecho,
para tu libertad bastan mis alas.
Desde mi boca llegará hasta el cielo
lo que estaba dormido sobre tu alma.

Es en ti la ilusión de cada día.
Llegas como el rocío a las corolas.
Socavas el horizonte con tu ausencia.
Eternamente en fuga como la ola.

He dicho que cantabas en el viento
como los pinos y como los mástiles.
Como ellos eres alta y taciturna.
Y entristeces de pronto, como un viaje.

Acogedora como un viejo camino.
Te pueblan ecos y voces nostálgicas.
Yo desperté y a veces emigran y huyen
pájaros que dormían en tu alma.

13

HE IDO MARCANDO CON CRUCES...

He ido marcando con cruces de fuego
el atlas blanco de tu cuerpo.
Mi boca era una araña que cruzaba escondiéndose.
En ti, detrás de ti, temerosa, sedienta.

Historias que contarte a la orilla del crepúsculo,
muñeca triste y dulce, para que no estuvieras triste.
Un cisne, un árbol, algo lejano y alegre.
El tiempo de las uvas, el tiempo maduro y frutal.

Yo que viví en un puerto desde donde te amaba.
La soledad cruzada de sueño y de silencio.
Acorralado entre el mar y la tristeza.
Callado, delirante, entre dos gondoleros inmóviles.

Entre los labios y la voz, algo se va muriendo.
Algo con alas de pájaro, algo de angustia y de olvido.
Así como las redes no retienen el agua.
Muñeca mía, apenas quedan gotas temblando.
Sin embargo, algo canta entre estas palabras fugaces.
Algo canta, algo sube hasta mi ávida boca.
Oh poder celebrarte con todas las palabras de alegría.
Cantar, arder, huir, como un campanario en las manos
    de un loco.

Triste ternura mía, qué te haces de repente?
Cuando he llegado al vértice más atrevido y frío
mi corazón se cierra como una flor nocturna.

14

JUEGAS TODOS LOS DÍAS...

Juegas todos los días con la luz del universo.
Sutil visitadora, llegas en la flor y en el agua.
Eres más que esta blanca cabecita que aprieto
como un racimo entre mis manos cada día.

A nadie te pareces desde que yo te amo.
Déjame tenderte entre guirnaldas amarillas.
Quién escribe tu nombre con letras de humo entre
    las estrellas del sur?
Ah déjame recordarte cómo eras entonces, cuando aún
    no existías.

De pronto el viento aúlla y golpea mi ventana cerrada.
El cielo es una red cuajada de peces sombríos.
Aquí vienen a dar todos los vientos, todos.
Se desviste la lluvia.

Pasan huyendo los pájaros.
El viento. El viento.
Yo sólo puedo luchar contra la fuerza de los hombres.
El temporal arremolina hojas oscuras
y suelta todas las barcas que anoche amarraron al cielo.

Tú estás aquí. Ah tú no huyes.
Tú me responderás hasta el último grito.
Ovíllate a mi lado como si tuvieras miedo.
Sin embargo alguna vez corrió una sombra extraña
        por tus ojos.

Ahora, ahora también, pequeña, me traes madreselvas,
y tienes hasta los senos perfumados.
Mientras el viento triste galopa matando mariposas
yo te amo, y mi alegría muerde tu boca de ciruela.

Cuánto te habrá dolido acostumbrarte a mí,
a mi alma sola y salvaje, a mi nombre que todos ahuyentan.
Hemos visto arder tantas veces el lucero besándonos los ojos
y sobre nuestras cabezas destorcerse los crepúsculos
en abanicos girantes.

Mis palabras llovieron sobre ti acariciándote.
Amé desde hace tiempo tu cuerpo de nácar soleado.
Hasta te creo dueña del universo.
Te traeré de las montañas flores alegres, copihues,
avellanas oscuras, y cestas silvestres de besos.

Quiero hacer contigo
lo que la primavera hace con los cerezos.

15

ME GUSTAS CUANDO CALLAS...

Me gustas cuando callas porque estás como ausente,
y me oyes desde lejos, y mi voz no te toca.
Parece que los ojos se te hubieran volado
y parece que un beso te cerrara la boca.

Como todas las cosas están llenas de mi alma
emerges de las cosas, llena del alma mía.
Mariposa de sueño, te pareces a mi alma,
y te pareces a la palabra melancolía.

Me gustas cuando callas y estás como distante.
Y estás como quejándote, mariposa en arrullo.
Y me oyes desde lejos, y mi voz no te alcanza:
déjame que me calle con el silencio tuyo.

Déjame que te hable también con tu silencio
claro como una lámpara, simple como un anillo.
Eres como la noche, callada y constelada.
Tu silencio es de estrella, tan lejano y sencillo.

Me gustas cuando callas porque estás como ausente.
Distante y dolorosa como si hubieras muerto.
Una palabra entonces, una sonrisa bastan.
Y estoy alegre, alegre de que no sea cierto.

16

EN MI CIELO AL CREPÚSCULO...

Paráfrasis a R. Tagore

En mi cielo al crepúsculo eres como una nube
y tu color y forma son como yo los quiero.
Eres mía, eres mía, mujer de labios dulces
y viven en tu vida mis infinitos sueños.

La lámpara de mi alma te sonrosa los pies,
el agrio vino mío es más dulce en tus labios,
oh segadora de mi canción de atardecer,
cómo te sienten mía mis sueños solitarios!

Eres mía, eres mía, voy gritando en la brisa
de la tarde, y el viento arrastra mi voz viuda.
Cazadora del fondo de mis ojos, tu robo
estanca como el agua tu mirada nocturna.

En la red de mi música estás presa, amor mío,
y mis redes de música son anchas como el cielo.
Mi alma nace a la orilla de tus ojos de luto.
En tus ojos de luto comienza el país del sueño.

17

PENSANDO, ENREDANDO SOMBRAS...

Pensando, enredando sombras en la profunda soledad.
Tú también estás lejos, ah más lejos que nadie.
Pensando, soltando pájaros, desvaneciendo imágenes,
enterrando lámparas.
Campanario de brumas, qué lejos, allá arriba!
Ahogando lamentos, moliendo esperanzas sombrías,
molinero taciturno,
se te viene de bruces la noche, lejos de la ciudad.

Tu presencia es ajena, extraña a mí como una cosa.
Pienso, camino largamente, mi vida antes de ti.
Mi vida antes de nadie, mi áspera vida.
El grito frente al mar, entre las piedras,
corriendo libre, loco, en el vaho del mar.
La furia triste, el grito, la soledad del mar.
Desbocado, violento, estirado hacia el cielo.

Tú, mujer, qué eras allí, qué raya, qué varilla
de ese abanico inmenso? Estabas lejos como ahora.
Incendio en el bosque! Arde en cruces azules.
Arde, arde, llamea, chispea en árboles de luz.
Se derrumba, crepita. Incendio. Incendio.
Y mi alma baila herida de virutas de fuego.
Quién llama? Qué silencio poblado de ecos?
Hora de la nostalgia, hora de la alegría, hora de la soledad,
hora mía entre todas!

Bocina en que el viento pasa cantando.
Tanta pasión de llanto anudada a mi cuerpo.

Sacudida de todas las raíces,
asalto de todas las olas!
Rodaba, alegre, triste, interminable, mi alma.

Pensando, enterrando lámparas en la profunda soledad.
Quién eres tú, quién eres?

18

AQUÍ TE AMO...

Aquí te amo.
En los oscuros pinos se desenreda el viento.
Fosforece la luna sobre las aguas errantes.
Andan días iguales persiguiéndose.

Se disciñe la niebla en danzantes figuras.
Una gaviota de plata se descuelga del ocaso.
A veces una vela. Altas, altas estrellas.

O la cruz negra de un barco.
Solo.
A veces amanezco, y hasta mi alma está húmeda.
Suena, resuena el mar lejano.
Éste es un puerto.
Aquí te amo.

Aquí te amo y en vano te oculta el horizonte.
Te estoy amando aún entre estas frías cosas.
A veces van mis besos en esos barcos graves,
que corren por el mar hacia donde no llegan.

Ya me veo olvidado como estas viejas anclas.
Son más tristes los muelles cuando atraca la tarde.

Se fatiga mi vida inútilmente hambrienta.
Amo lo que no tengo. Estás tú tan distante.

Mi hastío forcejea con los lentos crepúsculos.
Pero la noche llega y comienza a cantarme.
La luna hace girar su rodaja de sueño.

Me miran con tus ojos las estrellas más grandes.
Y como yo te amo, los pinos en el viento,
quieren cantar tu nombre con sus hojas de alambre.

19

NIÑA MORENA Y ÁGIL...

Niña morena y ágil, el sol que hace las frutas,
el que cuaja los trigos, el que tuerce las algas,
hizo tu cuerpo alegre, tus luminosos ojos
y tu boca que tiene la sonrisa del agua.

Un sol negro y ansioso se te arrolla en las hebras
de la negra melena, cuando estiras los brazos.
Tú juegas con el sol como con un estero
y él te deja en los ojos dos oscuros remansos.

Niña morena y ágil, nada hacia ti me acerca.
Todo de ti me aleja, como del mediodía.
Eres la delirante juventud de la abeja,
la embriaguez de la ola, la fuerza de la espiga.

Mi corazón sombrío te busca, sin embargo,
y amo tu cuerpo alegre, tu voz suelta y delgada.
Mariposa morena dulce y definitiva
como el trigal y el sol, la amapola y el agua.

20

PUEDO ESCRIBIR LOS VERSOS MÁS TRISTES...

Puedo escribir los versos más tristes esta noche.

Escribir, por ejemplo: "La noche está estrellada
y tiritan, azules, los astros, a lo lejos".

El viento de la noche gira en el cielo y canta.

Puedo escribir los versos más tristes esta noche.
Yo la quise, y a veces ella también me quiso.

En las noches como ésta la tuve entre mis brazos.
La besé tantas veces bajo el cielo infinito.

Ella me quiso, a veces yo también la quería.
Cómo no haber amado sus grandes ojos fijos.

Puedo escribir los versos más tristes esta noche.
Pensar que no la tengo. Sentir que la he perdido.

Oír la noche inmensa, más inmensa sin ella.
Y el verso cae al alma como al pasto el rocío.

Qué importa que mi amor no pudiera guardarla.
La noche está estrellada y ella no está conmigo.

Eso es todo. A lo lejos alguien canta. A lo lejos.
Mi alma no se contenta con haberla perdido.

Como para acercarla mi mirada la busca.
Mi corazón la busca, y ella no está conmigo.

La misma noche que hace blanquear los mismos árboles.
Nosotros, los de entonces, ya no somos los mismos.

Ya no la quiero, es cierto, pero cuánto la quise.
Mi voz buscaba el viento para tocar su oído.

De otro. Será de otro. Cómo antes de mis besos.
Su voz, su cuerpo claro. Sus ojos infinitos.

Ya no la quiero, es cierto, pero tal vez la quiero.
Es tan corto el amor, y es tan largo el olvido.

Porque en noches como ésta la tuve entre mis brazos,
mi alma no se contenta con haberla perdido.

Aunque éste sea el último dolor que ella me causa,
y éstos sean los últimos versos que yo le escribo.

LA CANCIÓN DESESPERADA

Emerge tu recuerdo de la noche en que estoy.
El río anuda al mar su lamento obstinado.

Abandonado como los muelles en el alba.
Es la hora de partir, oh abandonado!

Sobre mi corazón llueven frías corolas.
Oh sentina de escombros, feroz cueva de náufragos!

En ti se acumularon las guerras y los vuelos.
De ti alzaron las alas los pájaros del canto.

Todo te lo tragaste, como la lejanía.
Como el mar, como el tiempo. Todo en ti fue naufragio!

Era la alegre hora del asalto y el beso.
La hora del estupor que ardía como un faro.

Ansiedad de piloto, furia de buzo ciego,
turbia embriaguez de amor, todo en ti fue naufragio!

En la infancia de niebla mi alma alada y herida.
Descubridor perdido, todo en ti fue naufragio!

Te ceñiste al dolor, te agarraste al deseo,
te tumbó la tristeza, todo en ti fue naufragio!

Hice retroceder la muralla de sombra,
anduve más allá del deseo y del acto.

Oh carne, carne mía, mujer que amé y perdí,
a ti en esta hora húmeda, evoco y hago canto.

Como un vaso albergaste la infinita ternura,
y el infinito olvido te trizó como a un vaso.

Era la negra, negra soledad de las islas,
y allí, mujer de amor, me acogieron tus brazos.

Era la sed y el hambre, y tú fuiste la fruta.
Era el duelo y las ruinas, y tú fuiste el milagro.

Ah mujer, no sé cómo pudiste contenerme
en la tierra de tu alma, y en la cruz de tus brazos!

Mi deseo de ti fue el más terrible y corto,
el más revuelto y ebrio, el más tirante y ávido.

Cementerios de besos, aún hay fuego en tus tumbas,
aún los racimos arden picoteados de pájaros.

Oh la boca mordida, oh los besados miembros,
oh los hambrientos dientes, oh los cuerpos trenzados.

Oh la cópula loca de esperanza y esfuerzo
en que nos anudamos y nos desesperamos.

Y la ternura, leve como el agua y la harina.
Y la palabra apenas comenzada en los labios.

Ése fue mi destino y en él viajó mi anhelo,
y en él cayó mi anhelo, todo en ti fue naufragio!

Oh, sentina de escombros, en ti todo caía,
qué dolor no exprimiste, qué olas no te ahogaron!

De tumbo en tumbo aún llameaste y cantaste.
De pie como un marino en la proa de un barco.

Aún floreciste en cantos, aún rompiste en corrientes.
Oh sentina de escombros, pozo abierto y amargo.

Pálido buzo ciego, desventurado hondero,
descubridor perdido, todo en ti fue naufragio!

Es la hora de partir, la dura y fría hora
que la noche sujeta a todo horario.

El cinturón ruidoso del mar ciñe la costa.
Surgen frías estrellas, emigran negros pájaros.

Abandonado como los muelles en el alba.
Sólo la sombra trémula se retuerce en mis manos.

Ah más allá de todo. Ah más allá de todo.

Es la hora de partir. Oh abandonado!

Esta obra se imprimió y encuadernó
en el mes de abril de 2011,
en los talleres de Dédalo Offset S.L.,
que se localizan en la
calle Vázquez Menchaca, nº 9,
Polígono Industrial Argales,
47008 Valladolid (España)